RELIURE SERRÉE
ABSENCE DE MARGES INTÉRIEURES

VALABLE POUR TOUT OU PARTIE DU
DOCUMENT REPRODUIT

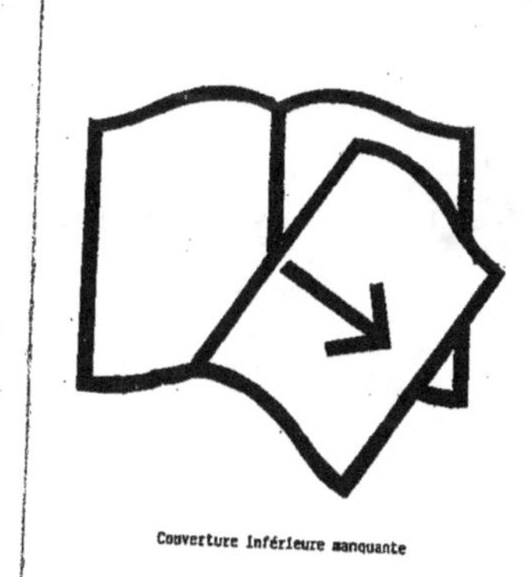

Couverture inférieure manquante

DEBUT D'UNE SERIE DE DOCUMENTS
EN COULEUR

LE CHEMIN DE FER ÉTHIOPIEN

ET

LE PORT DE DJIBOUTI

PAR

Le Lieutenant-colonel PÉROZ

PUBLICATION

DU

COMITÉ DE L'AFRIQUE FRANÇAISE

—

1907

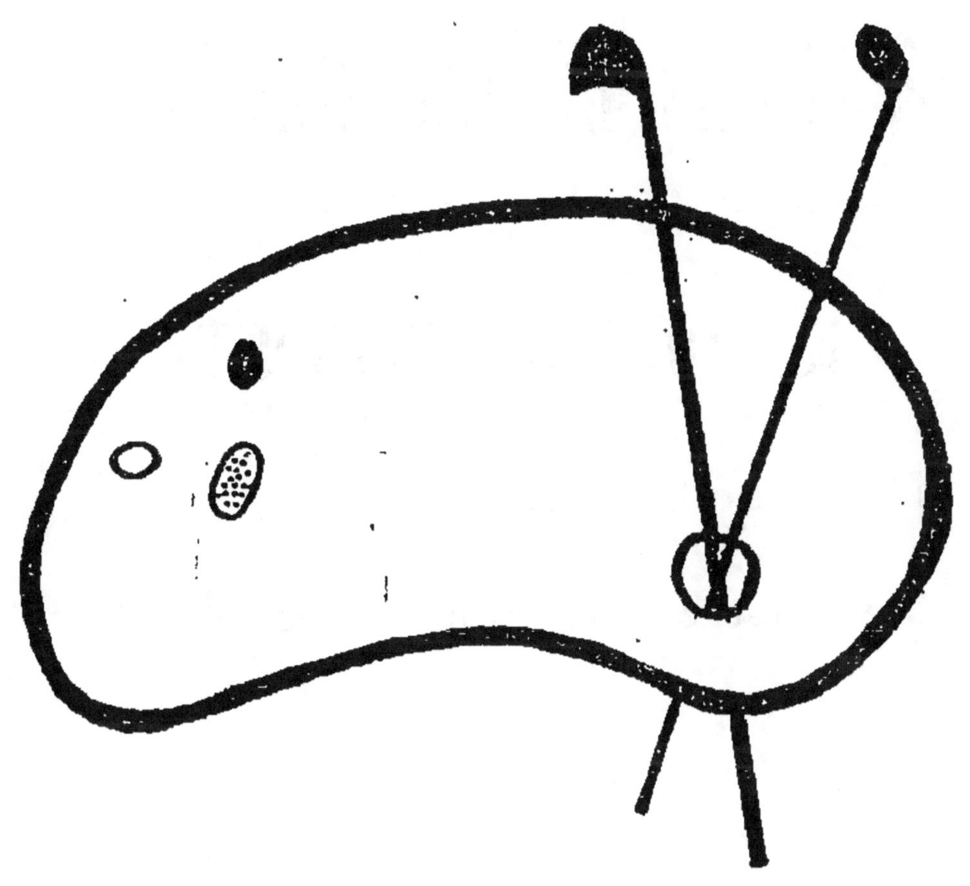

FIN D'UNE SERIE DE DOCUMENTS
EN COULEUR

LE CHEMIN DE FER ÉTHIOPIEN

ET

LE PORT DE DJIBOUTI

PAR

Le Lieutenant-colonel PÉROZ

PUBLICATION

DU

COMITÉ DE L'AFRIQUE FRANÇAISE

—

1907

LE CHEMIN DE FER ÉTHIOPIEN

ET

LE PORT DE DJIBOUTI

La question du prolongement du chemin de fer de Djibouti à Diré-Daoua (Addis-Harrar) jusqu'à Addis-Ababa préoccupe gravement en ce moment les esprits informés qui sentent l'importance considérable que doit avoir pour nos intérêts la solution active à intervenir, ou le maintien du *statu quo* qui résulterait de l'impuissance du gouvernement et du Parlement à prendre à ce sujet la mesure radicale décisive — onéreuse dans le présent, fructueuse dans l'avenir — que les circonstances semblent imposer.

On a grandement polémiqué sur le passé financier de la Compagnie impériale des chemins de fer éthiopiens, sur les moyens financiers qu'elle employait pour soutenir une existence misérable jusqu'au jour où l'Etat français lui tendrait la main pour la sauver ou pour l'achever, sur les tendances peu françaises qu'auraient trahies certaines menées de syndicats occultes dispensateurs de ces moyens fâcheux.

Je voudrais, qu'en cette affaire, on cessât de regarder en arrière, et que, comme les Anglais pour le chemin de fer de Mombassa au Nyanza, on sût passer l'éponge sur le passé en ne conservant de celui-ci que les enseignements nécessaires.

Ici, l'entreprise est bonne pour la France ; je le prouverai surabondamment tout à l'heure Il faut donc promptement la mener à bonne fin. Pour cela, il est des sacrifices indispensables : sacrifices d'argent, sacrifices de personnes. Qu'on les fasse courageusement et vite ; vite surtout, car le temps presse. Voie, matériel, tout s'use promptement en ce pays, lorsque manquent l'entretien, les réparations, les réfections nécessaires ; le commerce français s'impatiente ; le commerce étranger et abyssin commence, devant notre inertie, à songer à d'autres moyens que ceux qu'offrira un chemin de fer encore si problématique reliant l'Abyssinie à la côte par Djibouti.

En publiant cette étude, mon but n'est point de préconiser telle mesure financière qui, seule à mon gré, pourrait sauver cette entreprise. Le chemin de fer existe sur une longueur de 310 kilomètres. Tel qu'il est, tel qu'il est administré, il rend déjà de si importants services à la France que non seulement le laisser péricliter, mais encore ne pas prendre de suite les mesures nécessaires pour qu'il soit rapidement prolongé jusqu'à Addis-Ababa, serait un crime de lèse-patrie.

Je n'ai pas à prouver que les moyens financiers pour lui donner toute son étendue et son plein rendement ne sont nullement aussi compliqués et coûteux qu'on les présente : une liquidation sérieuse, une garantie d'intérêt pour l'avenir, et les capitaux à bon marché afflueront.

Mais je veux montrer combien étroitement sont liées les destinées de notre port de Djibouti à celles de la voie ferrée. Cette dernière prospère-t-elle, Djibouti s'accroît et son mouvement commercial grandit ; au contraire, traverse-t-elle une période difficile, tout aussitôt notre port déchoit. Il se mourrait bientôt si celle-ci arrêtait son trafic.

Naguère la France était en situation de pouvoir caresser certaines visées politiques grandioses du côté de l'Abyssinie. Depuis plusieurs années déjà elle s'est interdit toute action directe en ce pays. Par la convention franco-anglo-italienne du 13 décembre dernier, elle a définitivement renoncé à jouer en Ethiopie un rôle uniquement personnel. Il ne reste donc plus de notre action sur la côte occidentale du golfe d'Aden que le chemin de fer et le port de Djibouti, tous deux si intimement associés que l'un ne saurait vivre sans l'autre.

Il n'est pas besoin de démontrer l'importance qu'a pour la France le développement de ce port. Ce n'est ni un espoir vain, ni un espoir à très longue échéance, que voir cette escale devenir la relâche obligée de la flotte mondiale innombrable qui embouque et débouque journellement par le détroit de Bab-el-Mandeb dans la mer Rouge vers le canal de Suez et l'Europe, dans l'océan Indien vers l'Afrique orientale, vers les Indes, vers l'Extrême-Orient. Grâce au chemin de fer, ces navires seront attirés par le fret qu'ils trouveront à Djibouti ; les charbonniers de l'escale auront, eux aussi, chance de n'en pas sortir sur lest comme il arrive à Aden qui n'a, en fait de commerce, que celui qui lui vient d'Abyssinie par la côte Somalie.

Et combien la nature, malgré son aspect revêche, a-t-elle favorisé puissamment notre nouvelle possession ! Elle y a dessiné le plus beau port naturel qu'on puisse voir, elle a creusé en avant de lui une rade d'une sécurité absolue où toutes les flottes du monde pourraient mouiller à l'aise, elle a enfin dissimulé sous une croûte de quelques mètres d'un sol d'apparence désertique une inépuisable et ininterrompue nappe d'eau douce. Partout où cette eau est amenée à la surface poussent arbres et légumes. Grâce au voisinage de l'Abyssinie — voisinage créé par le chemin

de fer — les bestiaux, les moutons, la volaille
abondent.

Djibouti, lorsque la voie ferrée atteindra Addis-
Ababa, sera le plus grand centré commercial
de l'Ethiopie et un des plus importants de l'océan
Indien.

Ne doit-on pas consentir à quelques sacrifices
pour atteindre à semblable résultat, si honorable,
si positif, si fructueux ?

Or, ces sacrifices doivent être tout d'abord en-
visagés dans le sens de la prompte continuation
de la voie ferrée. J'ai dit que celle-ci était la mère
nourricière de notre nouveau port ; c'est par elle,
et par elle seule, que celui-ci atteindra l'apogée
auquel il est destiné. Quelques chiffres démon-
treront que cet axiome est une évidente et indis-
cutable vérité.

LE CHEMIN DE FER ÉTHIOPIEN

On en a beaucoup parlé, pendant l'année 1906,
de cette voie ferrée naguère totalement inconnue
du public, même de nom. Il n'est pas inutile
de rappeler succinctement ses origines et aussi
les phases diverses par lesquelles est passée sa
construction, avant de la décrire telle qu'elle est
aujourd'hui et d'établir les chiffres de son rendement commercial et financier.

La Compagnie impériale des chemins de fer
éthiopiens a été créée, le 9 août 1896, par MM. Al-
fred Ilg, ingénieur suisse, et Léon Chefneux, explo-
rateur français et conseiller de l'empereur Ménélik.
Ses statuts ont pour base les actes du 9 mars 1894
et du 5 novembre 1896, par lesquels Ménélik con-

cède à MM. Ilg et Chefneux, « ou à toute autre société qu'ils se substitueront », le droit de construire et d'exploiter une ligne de chemin de fer reliant l'Ethiopie à la mer par Djibouti ; ces actes sont complétés par les décrets (Colonies) du 27 avril 1896 et du 16 septembre 1897, qui autorisent le passage de cette voie ferrée sur le territoire du Protectorat de la Côte française des Somalis.

Le capital social fut primitivement fixé à 8 millions ; il fut porté à 18 millions en 1899 par l'émission de 52.000 obligations de 500 francs 3 0/0 dont une quantité notable n'est pas encore libérée ni même placée. Le prix moyen du placement oscille aux environs de 250 francs. Presque toutes ces obligations sont dans les mains de « quelques groupes de capitalistes de nationalités diverses ».

Les premiers travaux de construction de la voie d'un mètre qui devait relier le Harrar d'abord (Diré-Daoua), puis le centre abyssin (Addis-Ab-baba), furent entrepris en 1897.

En juillet 1900, un premier tronçon, allant de Djibouti à Daouenlé (106 kilomètres), était ouvert à l'exploitation ; en juillet 1901, la ligne était poussée jusqu'à Lassarat (kilomètre 163) ; en décembre, elle atteignait Adda-Galla au kilomètre 201. Enfin, en décembre 1902, elle arrivait à Diré-Daoua (kilomètre 310), et, dès le mois de juin 1903, son organisation était achevée. Immédiatement le trafic prenait un essor de bon augure qui s'accentuait dès l'année suivante.

Mais, entre temps, en 1901, la Compagnie des chemins de fer éthiopiens, ayant résilié le contrat qu'elle avait signé avec une compagnie de constructions pour l'établissement des 225 premiers kilomètres, se trouvait complètement à court de capitaux pour continuer la ligne. Après avoir frappé en vain aux portes des capitalistes français, elle dut contracter à des conditions particu-

CHEMIN DE FER
DE
DJIBOUTI À ADDIS-ABABA
Echelle de
0   20   40   60   80   100 Kil.
Chemin de Fer exploité.
projeté.
Chemin de caravanes.
MÉDITERRANÉE
Alexandrie
Port-Saïd
Suez
Le Caire
EGYPTE
Assouan
La Mecque
ARABIE
Souakin
Massaouah
ERYTHRÉE
Khartoum
Aden
Golfe d'Aden
Djibouti
ETHIOPIE
Berbera
SOMALILAND
Addis-Alem
Addis-Ababa
Harar
ERYTHRÉE
(Ital.)
Chaikh Saïd (Fr.)
ARABIE
ADEN
CÔTE FRANÇ.
Obock
GOLFE
D'ADEN
DJIBOUTI
Zeyla
DES SOMALIS
ETHIOPIE
SOMALILAND
BERBERA
HARERLAND
Hargueisa
Djidjiga
Harar
ADDIS-ABABA
Entotto
Ankober
30°   40°   50°
37°   38°   39°   40°   41°   42°
39°   40°

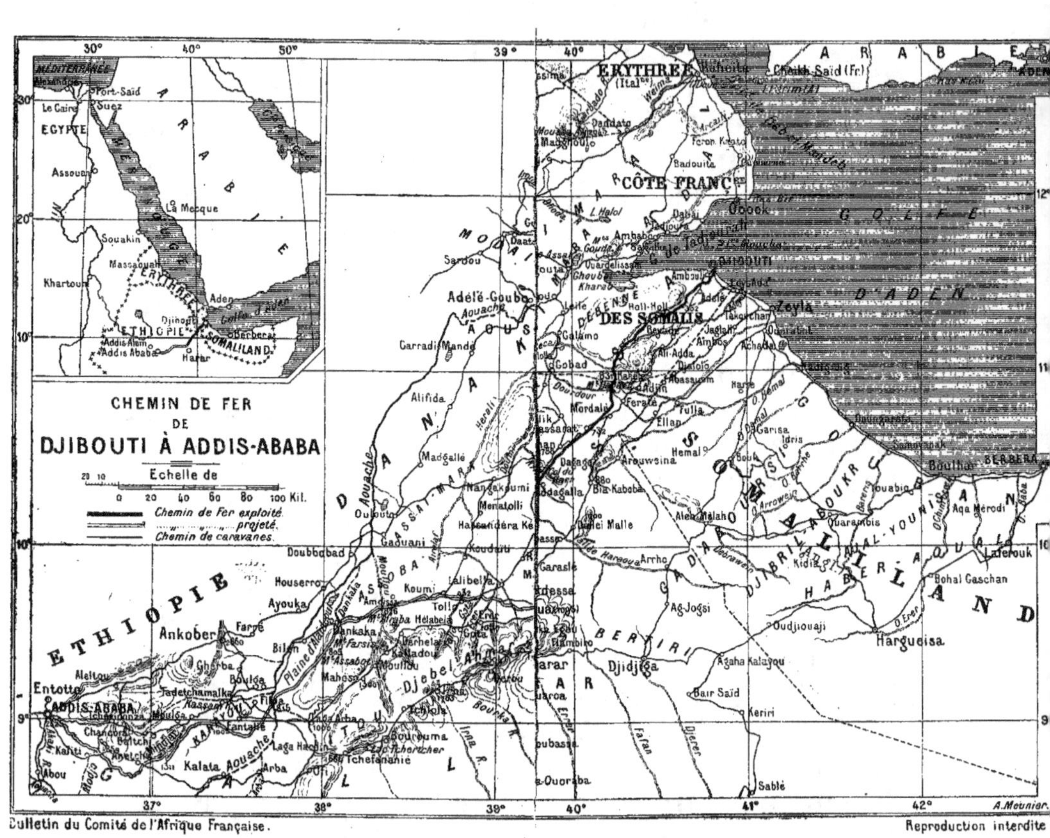

A. Meunier.

lièrement onéreuses une somme de 3 millions au groupe de financiers étrangers déjà intéressé dans l'affaire. Puis, devant les dispositions défavorables du marché français, elle dut, pour atteindre Diré-Daoua, envisager l'éventualité de faire construire par ce groupe le tronçon à établir.

C'est alors que, pour conserver à cette entreprise son caractère national, intervint l'Etat français. La convention signée le 7 février 1902 garantissait aux chemins de fer éthiopiens une subvention annuelle de 500.000 francs pendant 50 ans, avec autorisation de négocier cette subvention pour en tirer le capital immédiatement réalisable afin d'être à même de terminer promptement la ligne jusqu'à Diré-Daoua.

En échange de cet appui matériel, la Compagnie consentait au gouvernement français certains droits de contrôle qui la mettait sous sa dépendance, assez pour que la question de nationalité de la première section Djibouti-Diré-Daoua ne puisse plus être envisagée.

En même temps que la voie ferrée atteignait Diré-Daoua, la Compagnie, de concert avec le gouvernement éthiopien, ouvrait entre ce point et la ville de Harrar, distante d'une cinquantaine de kilomètres, une route carrossable permettant des transports rapides entre la station terminus et cette capitale d'une des plus riches provinces.

Quoi qu'on en ait dit, sur les 200 premiers kilomètres la construction de la ligne ferrée Djibouti-Diré-Daoua présentait des difficultés considérables qui ont été heureusement franchies. L'expérience et une plus complète connaissance du terrain ont indiqué la nécessité de quelques rectifications du tracé, et, aussi, celle du renforcement de certains ouvrages d'art trop légèrement construits pour résister à la poussée violente des eaux torrentielles d'hivernage : ainsi, en ce moment, plusieurs ponts sont en réparation comme il arrive chaque année pendant ou après les grandes pluies. Mais, dans son ensemble, la ligne est bonne; et pareille constatation a sa valeur en semblable contrée.

Sur une profondeur de 180 kilomètres, dans une ascension en pleine montagne de 750 mètres pour aboutir ensuite à Addis-Harrar à une altitude de 1.200 mètres, qu'on se figure le chaos le plus invraisemblable de roches soulevées ou éboulées, de dénivellements inattendus, de ravins, de pitons, d'arêtes. Partout un sol de roc ou couvert d'épaisses et massives moraines; nulle part de végétation; pas un arbre, pas une pousse d'herbe. Et, sur cet infernal bouleversement d'une nature volcanique primitive, un soleil torride qui chauffe cette roche minéralisée au point d'en rendre le contact brûlant.

C'est dans cette sorte d'immense champ de la mort qu'on a dû ouvrir des tranchées, élever des remblais, niveler le sol, construire des ponts, des parapets, trouver de l'eau, bâtir des réservoirs, édifier des gares. Pour juger ce travail à sa juste valeur, il faut avoir fait en été, avec des yeux qui voient, le trajet de la côte au premier plateau abyssin.

Actuellement, chaque semaine, trois trains mixtes montant et trois trains descendant suffisent au trafic. Le matériel existant permettrait, si besoin en était, de doubler ce mouvement. Les trains partent de Djibouti ou de Diré-Daoua le matin à 6 heures; ils arrivent le soir, à la même heure, au terminus de la ligne. C'est une vitesse commerciale de 26 kilomètres à l'heure qui pourrait être portée facilement à 30 avec un matériel en meilleur état d'entretien; quelques corrections du tracé permettraient aux trains légers du 50 et même du 60 à l'heure, c'est dire que, lorsque la ligne sera achevée, on atteindra la capitale de l'Abyssinie en une journée (750 kilomètres).

En raison de la situation financière de la Compagnie, le personnel a été restreint au strict minimum. Il se compose d'un chef d'exploitation, M. Vée, ex-ingénieur des mines de l'Etat, technicien et administrateur remarquable, auquel ce chemin de fer doit d'avoir pu continuer à fonctionner régulièrement avec des bénéfices très appréciables qui suffiraient à soutenir l'entreprise si celle-ci n'était surchargée du poids écrasant de ses opérations financières.

M. Vée est secondé par M. Bonnevay, ingénieur des chemins de fer, chef du service de la voie, et par M. Bernard, ingénieur civil, chef du service du matériel et de la traction.

Ces trois techniciens forment une tête dirigeante d'une valeur peu commune. Sans elle, il me semble peu douteux que le fonctionnement de la ligne n'eût été gravement compromis, sinon arrêté, par les difficultés de toute nature que la situation précaire de la Compagnie fait renaître incessantes.

Jusqu'à ce jour, contrairement à ce qui existe sur les chemins de fer des régions tropicales, le personnel technique est européen, sauf un mécanicien arabe récemment engagé. Le personnel d'exécution subalterne est indigène y compris les chefs des gares intermédiaires et les télégraphistes.

Le matériel se compose de : 10 machines dont 6 à 3 essieux et 4 à 4 essieux ; 1 wagon-salon et 11 voitures à voyageurs ; 6 fourgons ; 14 wagons couverts ; 6 tombereaux ; 4 bergeries ; 8 plates-formes chargeant 22 tonnes chacune et 15 chargeant 10 tonnes ; 4 wagons-citernes ; 8 petites machines de construction. Ce matériel permet de tripler au besoin le tonnage moyen normal ; ainsi, du 13 au 22 novembre dernier, 576 tonnes de marchandises ont été montées de Djibouti à Diré-Daoua, ce qui représenterait une importation mensuelle sur l'Abyssinie de 1.800 tonnes et annuelle de 21.000 tonnes correspondant à une exportation à peu près équivalente, soit 40.000 tonnes avec une recette d'environ 4 millions.

Tout permet d'espérer que la section Djibouti-Diré-Daoua atteindra facilement ces chiffres dès que sera construite la deuxième section Diré-Daoua Addis-Abbaba.

Tel est l'instrument, tel est son rendement possible en son état actuel.

Quel a été son trafic depuis qu'il est entré en période de fonctionnement régulier?

*
* *

La raison d'être de ce chemin de fer n'est plus à démontrer. Cependant certains s'entêtent à ne pas voir, faute d'une documentation suffisante, l'avenir brillant qui lui est réservé et la prospérité qu'il procurera à Djibouti au point de faire de ce port naissant une des stations commerciales et de relâche les plus importantes de l'Océan Indien.

Pour ces aveugles, il est nécessaire de préciser quelles sont les bases d'un trafic dont les résultats des dernières années permettent d'escompter avec certitude un développement futur intense. Les chiffres qui suivent sont probants.

« Ce chemin de fer répond à la plus évidente des nécessités économiques. L'Ethiopie est un merveilleux pays dont les richesses agricoles et minières n'attendent que des débouchés et des moyens de transport pour se développer : ses ressources naturelles sont immenses et peuvent fournir une matière première inépuisable.

« L'agriculture, favorisée par un climat qui permet les cultures des latitudes les plus variées ;

l'élevage facilité par des prairies innombrables
où vit une race estimée de mulets et de chevaux
et où paissent d'énormes quantités de moutons et
de bœufs, ne demandent, pour atteindre leur
plein développement, que des débouchés sur la
côte. » (Extrait du rapport d'ensemble sur la
situation générale du Protectorat de la Côte française des Somalis au ministre des Colonies, 1904.)

Les productions les plus abondantes du sol
abyssin, celles qui déjà, comme on le verra par la
suite, sont l'objet d'un important trafic, sont
toutes d'une valeur économique considérable.

En première ligne vient le café. Celui du Harrar, plus renommé que celui du centre abyssin,
est exporté sur Aden où il prend la marque
« moka » et se vend comme tel sur les marchés
européens. Il est véritablement désespérant de
constater, qu'après plusieurs années, ce port
étranger continue à bénéficier de la majeure
partie de ce commerce, alors que c'est à Djibouti
que le café est reçu et mis en état de consommation. Pour mettre fin à cet état de choses, il suffi-
rait que les courtiers du Havre s'entendent pour
créer la marque « Djibouti » et pour la répandre,
en informant leur clientèle que seule elle répond à la qualité moka. Une semblable mesure
aurait des avantages inappréciables aussi bien
pour eux que pour notre jeune port, car elle
supprimerait le coûteux intermédiaire, actuellement inexplicable, d'Aden.

Ces cafés harraris s'exportent par le chemin
de fer en quantités qui varient, suivant les récoltes,
entre 2.000 et 3 000 tonnes; un millier de tonnes
environ coule encore sur Zeylah par caravanes
dont le nombre va en diminuant chaque année
et qui ne subsistent encore que grâce à une rou-
tine appelée à disparaître graduellement.

Les cafés des autres provinces abyssines seront
également tributaires de la voie ferrée dès qu'elle

sera terminée. Il est impossible de faire un compte même approché de l'importance de cet appoint nouveau; mais on peut, en toute certitude, affirmer qu'elle ne sera pas inférieure à celle du Harrar. La production de la province de Kaffa lui est déjà, à elle seule, presque équivalente.

Au total, 6 à 7.000 tonnes au minimum.

Pour la voie ferrée, cela représente un trafic triple ou quadruple, car les marchandises importées en échange de ce produit cubent deux à trois fois plus. Ce sera pour la compagnie, de ce chef seulement, une recette annuelle certaine de 3 à 4 millions suivant l'abondance des récoltes qui varient assez notablement d'une année à l'autre (1).

Les peaux font déjà l'objet d'un trafic important; plus de 1.000 tonnes en 1906 contre 325 tonnes seulement en 1903. L'exportation du bétail sur pied a cru dans la même proportion. Des prévisions fermes pour l'avenir sont difficiles à faire. Cependant, étant donné la richesse considérable des hauts plateaux en bœufs et en moutons, on peut dire que ce mouvement peut s'accroître presque aussi indéfiniment que la demande. Si seulement on s'en tient aux estimations que donne la progression du trafic, il est permis de tabler sur 5 ou 6.000 tonnes peu après l'ouverture de la ligne entière.

C'est par dizaines de mille et plus que pourraient, chaque année, s'exporter les chevaux et les mulets qui sont d'un bon marché étonnant sur les hauts plateaux.

Le mulet abyssin est une bête précieuse par ses qualités exceptionnelles de sobriété et de résistance. Jusqu'à ce jour, il s'en est peu exporté

____

(1) Les tarifs des chemins de fer abyssins classent les marchandises en cinq séries dont les prix s'échelonnent entre 1 franc et 0 fr. 40 par tonne kilométrique suivant leur valeur. Les chemins de fer du Congo qui sont en prospérité croissante ont une taxe unique de 1.000 francs pour les 400 kilomètres de Matadi à Stanley-Pool, soit 2 fr. 50 la tonne kilométrique.

par voie ferrée; les acheteurs les amènent à la côte par voie de terre et réalisent ainsi une économie notable. C'est là une clientèle à s'attacher par des avantages convenables.

La cire a fait récemment son apparition à Djibouti; ses arrivages sont allés en augmentant avec une telle rapidité qu'on peut lui prédire à brève échéance une part importante du trafic général. Le Choa et les pays gallas en produisent une abondance incroyable; ces régions sont en quelque sorte le paradis des abeilles. Il en a été transporté cette année plus de 335 tonnes alors qu'en 1903 il en était venu 100 tonnes à peine.

Le beurre abyssin fait l'objet d'une exportation notable; il est très estimé à Aden qui en accapare la presque totalité et le réexporte.

Le coton est utilisé sur place; il vient à l'état sauvage dans plusieurs provinces; les Abyssins en font des couvertures très chaudes et fort solides qui sont plus appréciées par eux que celles venues d'Europe. C'est là un produit d'avenir dont la valeur commerciale et l'importance n'existeront réellement que lorsque des plantations soignées de cet arbuste auront été créées.

Le tabac pousse sans grands soins un peu partout. Il possède un bon arome. On pourra en tirer un parti sérieux par une culture rationnelle. Mais tel quel, il est déjà expédié en quantité appréciable sur toute la côte d'Asie et sur celle des Somalis.

Le dourah (mil et maïs), le blé et l'orge sont l'objet d'un mouvement d'affaires sérieux avec les régions asiatiques. Leur culture ne se développe que lentement, car, avec le régime despotique et anarchique actuel de l'Abyssinie, le cultivateur n'a aucun intérêt à produire au delà de sa consommation; le surplus lui est extorqué par les chefs féodaux qui vivent sur lui et commandent à ses misérables destinées.

L'ivoire a fourni 75 tonnes en 1904 et autant en 1905 ; les résultats de la campagne 1906 sont encore imparfaitement connus. Mais c'est là un produit d'un transport facile pour les indigènes qui, en prenant les voies de terre, peuvent éviter les vols des ras et de leurs sous-ordres ainsi que les abus de la douane abyssine.

La civette fait l'objet d'un commerce actif : elle a peu d'importance au point de vue du trafic de la voie ferrée ; il en est de même pour l'or qui n'est, du reste, jamais déclaré.

Dans les vallées basses et chaudes du pays harrari, le dattier est très commun et son fruit acceptable. Quelques soins amélioreraient les espèces et leur feraient donner un produit de valeur.

La richesse en minéraux du plateau abyssin est incontestable. Jusqu'à ce jour, toutes les exploitations qui en ont été tentées ont échoué devant la fourberie ou la mauvaise foi du gouvernement abyssin, et aussi à cause du manque de moyens mécaniques résultant de la difficulté des transports. Au reste, cette question des transports qui, sauf pour l'or, est capitale lorsqu'il s'agit d'exportation de minerais, sera résolue par le fait même de la pénétration de la voie ferrée. On espère beaucoup de la prospection sérieuse des régions que le chemin de fer desservira.

On a découvert du charbon de terre, sous forme d'anthracite il est vrai, au Gojam, au Choa et même aux environs immédiats de Djibouti. Ces trouvailles sont récentes et il serait encore prématuré de se prononcer sur leur importance.

Dans le Harrar, l'olivier sauvage abonde. Il serait facile d'y créer de vastes oliveraies. Les bois précieux s'y rencontrent en nombre. Il en est de même dans les provinces que cette dernière commande commercialement, particulièrement le cèdre.

Voilà certes une énumération déjà satisfaisante de matières premières et de produits du sol. Ne peut-on espérer voir en outre apparaître dans les pays abyssins, avec la civilisation, des produits demi-manufacturés qui viendront accroître le trafic à l'exportation? Ainsi, il s'est installé à Diré-Daoua même, une usine à décortiquer et à presser les fibres de la sanseviera dont la tonne atteint sur les marchés d'Europe des prix qui oscillent entre 500 et 800 francs. Cette plante grasse, une sorte d'aloès à la feuille longue et étroite, pousse pressée en champs interminables dans les régions désertiques où nulle autre végétation ne prospère.

On peut fonder, il me semble, des espoirs de prospérité certaine sur un pareil ensemble auquel j'eusse pu ajouter le caoutchouc qui ne manquera pas de monter des provinces du Sud vers les stations de la ligne ferrée les plus rapprochées.

Mais, dès maintenant, on peut dire de cette entreprise des chemins de fer éthiopiens qu'elle payerait son homme sans les embarras financiers dans lesquels elle se débat vainement.

On verra aux annexes des chiffres qui prouvent par le seul trafic actuel, combien répondait à une nécessité commerciale certaine cette voie ferrée qui affleure à peine encore les plateaux abyssins, et qui, ne parcourant qu'une région absolument désolée, vide de tout habitant et de toute végétation, pourrait cependant déjà se suffire à elle-même par le mouvement d'affaires de ces deux terminus.

Ces chiffres appellent quelques observations. Ils montrent d'abord la progression régulière du trafic qui, de 7.760.000 francs en 1903, est monté en 1906 à près de 19 millions de francs et qui aurait certainement dépassé cette somme sans l'intempestive mesure de la dîme imposée par ordre du Conseil d'administration de la Compagnie,

dès le mois de novembre, sur toutes les marchandises chargées dans un sens ou dans l'autre.
Cette dîme qui devait permettre à l'entreprise
non seulement de se remettre à flot, mais encore
de gager les dépenses de continuation de la
voie, a arrêté net tout mouvement dans la colonie
et sur la voie ferrée. Il eût été facile de prévoir
ce résultat ; les avertissements les plus autorisés,
y compris ceux de ses agents, n'ont pas manqué
à la Compagnie. Un simple calcul montre du
reste quels devaient en être les résultats : une
tonne de café vaut environ 1.500 francs ; elle paye
un fret minimum de 90 francs, puis une dîme de
150 francs, soit environ 250 francs avec le camion-
nage, alors que les caravanes ne demandent que
90 à 100 francs pour effectuer le même transport.

Il est ainsi arrivé que, du jour au lendemain,
les marchandises provenant d'Abyssinie ou y
destinées ont repris l'ancienne route des caravanes avec leurs anciens terminus de ports anglais : Zeylah et Berberah.

Les quais de Djibouti sont, à l'heure où j'écris,
absolument déserts. Maintenant que, sans doute,
la Compagnie des chemins de fer éthiopiens a
atteint le but secret ou la démonstration qu'elle
cherchait, il est urgent d'abolir cette mesure dont
les suites ne tarderaient pas à être funestes, si
elle était maintenue quelque temps encore, non
seulement au chemin de fer, mais encore à notre
nouveau port (1).

Pour cette affaire de dîme, je dois à la vérité
d'ajouter que, récemment, M. le colonel Harring-
ton, ministre d'Angleterre à Addis-Ababa, a
affirmé devant moi à plusieurs hauts personnages

---

(1) Cette mesure a été abrogée par ordre cablographique par-
venu à Djibouti le 15 février. Elle aura coûté plusieurs centaines
de mille francs à la Compagnie des chemins de fer éthiopiens et
plusieurs millions au commerce.

que la bonne foi de Ménélik avait été surprise et que jamais celui-ci n'avait entendu créer en faveur de MM. Ilg et Chefneux un privilège aussi exorbitant et aussi néfaste póur l'avenir de la ligne. Au reste, les traités internationaux contractés par l'Abyssinie lui interdisent toute perception de droits douaniers supérieurs à 8 0/0 : or, en ajoutant la dîme à ce taux, on arrive au tarif ridicule de 18 0/0 qu'aucune marchandise ne saurait supporter et que n'admettront certainement pas les puissances *intéressées*.

M. Colli, chargé d'affaires d'Italie en remplacement de M. Ciccodicola, m'a tenu ces jours derniers exactement le même langage.

Le gouvernement ne doit donc pas hésiter à s'armer, s'il le faut, de l'article 8 de la convention du 7 février 1902 pour rapporter d'office cette déplorable et maladroite mise en action d'une insoutenable prétention.

Les chiffres donnés pour le mois de décembre 1906 ne sont qu'approximatifs ; il ne m'a pas été possible, comme il est du reste compréhensible, d'obtenir des données certaines, dans cette deuxième quinzaine de janvier où j'écris, sur ce mois dont l'apurement des comptes n'est pas encore terminé.

Il importe enfin de signaler que, malgré une récolte de café nettement déficitaire et malgré la dîme, le trafic général de la ligne en 1906 dépasse de plus de 2 millions et demi de francs celui de l'année précédente.

Pour terminer cette étude sur le chemin de fer éthiopien, je donnerai les chiffres que j'ai obtenus en prenant la moyenne de ceux qui m'ont été remis par plusieurs personnages très compétents, diplomates, techniciens ou commerçants et qui fixent les prévisions du trafic de la voie ferrée lorsqu'elle atteindra Addis-Ababa.

Ce trafic total semblerait ainsi devoir osciller,

dès l'ouverture de la ligne, aux alentours de
60 millions de francs, déterminant un mouvement commercial minimum de 90 millions au
profit du port de Djibouti Les mêmes personnes
comptent que, après quelques années de pleine
exploitation, ces chiffres monteront respective-
ment au dessus de 100 et 150 millions.

De tels espoirs fondés sur des débuts si
encourageants et réellement probants, doivent
être des aiguillons puissants dans la recherche
de la solution qui permettra sans délais la continuation des travaux du chemin de fer.

LE PORT DE DJIBOUTI

On a porté des jugements très divers sur l'action en Abyssinie de M. Lagarde, notre ministre
auprès de Ménélik ; mais on ne lui refusera pas
la gloire d'avoir doté la France du port de Djibouti. Bien des villes nouvelles portent le nom de
celui qui les a fondées ou qui a, tout au moins,
conçu les possibilités de leur prospérité. Ainsi
perpétue-t-on le souvenir des créateurs des cités.
Ce fut, dans le cas de Djibouti, une injustice
flagrante de laisser à ce port le nom barbare qu'il
portait lorsqu'il n'était qu'un point d'une côte
désertique ; celui de Lagardeville était plus qu'am-
plement justifié ; il est regrettable pour la bonne
assise de la vérité historique qu'il ne lui ait pas
été donné.
Lorsque M. Lagarde, alors résident de France à
Obock, décidait vers 1890 que 'Djibouti serait le
chef-lieu de notre protectorat sur la côte Somali, .
et qu'il s'ingéniait à en faire le port de l'Abyssinie, ce lieu n'était à vrai dire qu'une expres-
sion géographique désignant un point d'eau dans

le désert. Au milieu des apparences hostiles de la nature et au contact périlleux des rares tribus sau vages qui parcouraient la contrée, qui eût deviné, sans une prédestination particulière ou la connaissance approfondie qu'avait M. Lagarde des moindres recoins de la région, le magnifique port naturel dont, seuls, des sondages serrés pouvaient affirmer l'existence, la terre fertile sous laquelle coulait jusqu'à la mer l'intarissable nappe d'eau douce des fleuves de l'Abyssinie?

En 1892, il était autorisé à y transporter officiellement le siège du gouvernement. Il n'y avait alors encore à Djibouti que quelques misérables paillotes.

Quatorze années à peine se sont écoulées depuis lors : un instant dans la vie des cités. Et, cependant, qu'on jette un regard sur le plan de la ville et du port joint à cette étude et l'on verra avec étonnement ce qu'est devenu cette plage désolée.

Ce qu'on ne verra pas, et c'est cependant chose à noter, ce sont les jardins qui ont jailli, à quelques kilomètres de la ville, de cette terre d'apparence si absolument inféconde. Partout où l'on a creusé un puits de quelques mètres, quatre ou cinq dans les cas les plus défavorables, on a trouvé l'eau à profusion ; une noria rudimentaire, un manège à mulet, et voici l'eau coulant partout sur le sol en frais ruisselets. Que n'obtient-on pas sous les tropiques avec de l'eau et du sable? Aussi, tout y vient à profusion dans ces jardins nés d'hier en plein désert! Sur vingt, trente hectares peut-être, les cultures maraîchères les plus variées, le coton, le maïs. Et ce n'est qu'un maigre début. Lorsque la fréquence des relâches réclamera d'importants approvisionnements en vivres frais, le désert de Djibouti produira fruits et légumes avec toute l'abondance requise.

La ville couvre environ 70 hectares, qui s'étalent, d'abord sur la terre ferme, puis sur un isthme terminé par un double plateau de forme très allongée et rabattu vers la côte comme la partie supérieure d'une mâchoire. C'est dans cette mâchoire qu'est le port.

Il n'y a évidemment pas encore de monuments à Djibouti ; mais les maisons spacieuses, confortables, ayant un caractère architectural original y sont nombreuses. Il n'y existe plus une seule bâtisse en bois, en pisé ou en chaume; partout, même dans les quartiers les plus pauvres, une bonne maçonnerie de taille et des terrasses où une partie de la population vit les nuits d'été.

Deux hôtels, des cafés, des restaurants, des magasins et des boutiques. Dans les rues, sur les places, des stations de voitures.

Grâce à l'activité du gouverneur actuel, M. Pierre Pascal, et à la direction heureuse qu'il a donnée aux travaux, la ville s'embellit chaque jour. De grandes avenues et des boulevards, des places ont été percés, plantés de cocotiers, munis de bornes-fontaines; le sol en a été solidement macadamisé. Un grand marché couvert, un abattoir, un dispensaire se sont élevés comme par enchantement. Des bâtiments officiels élégants et confortables remplacent les bicoques coloniales d'antan. L'éclairage des rues est fait au lusol.

Les travaux du port sont menés vigoureusement, parallèlement à ceux de la ville. Les jetées s'allongent et s'élargissent pour donner accès aux voitures, les quais s'étendent et se consolident ; l'éclairage se perfectionne.

La population totale de Djibouti est d'environ 10.000 âmes, desquelles 400 Européens dont 70 femmes et peut-être 60 enfants. Le reste des habitants se compose de Levantins, d'Orientaux (Arabes et Indiens en majorité), enfin d'une population noire où grouillent les tribus et les races les plus diverses : Abyssins, Dankalis, Gallas, Somalis, Issas et bien d'autres encore.

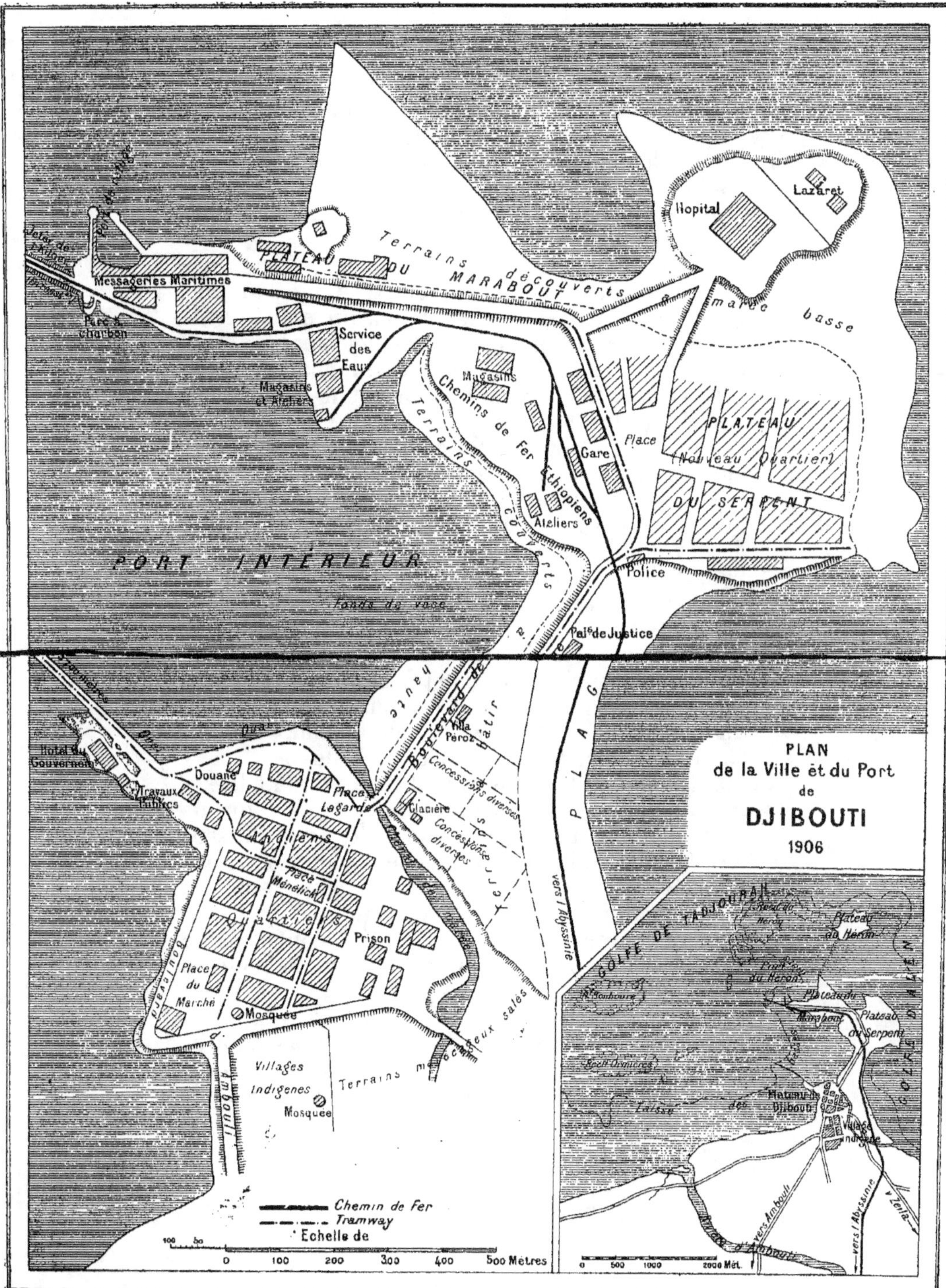

Lazaret
Hopital
marée basse
Terrains découverts
PLATEAU DU MARABOUT
Jetée de l'Eclipse
Messageries Maritimes
Parc à charbon
Service des Eaux
Magasins et Ateliers
Magasins
Chemins de Fer Ethiopiens
Gare
Ateliers
Place
PLATEAU
(Nouveau Quartier)
DU SERPENT
Terrains couverts
PORT INTÉRIEUR
Fonds de vase
Police
Pal de Justice
Villa Pérot
Concessions diverses
Concessions diverses
Hotel du Gouverneur
Douane
Travaux Publics
Place Lagarde
Glacière
Place Ménélick
Prison
Place du Marché
Mosquée
Villages Indigènes
Mosquée
Terrains
Vieux salés
PLAGE
vers l'Abyssinie
PLAN
de la Ville et du Port
de
DJIBOUTI
1906
GOLFE DE TADJOURAH
Plateau du Héron
Pointe du Héron
Plateau du Serpent
Marabout
Hamoudi Djibouti
Village indigène
vers l'Ambouli
vers Ambouli
vers l'Abyssinie
vers Zeila
Chemin de Fer
Tramway
Echelle de
100   50
0   100   200   300   400   500 Mètres
0   500   1000   2000 Mèt.

On verra par les tableaux annexés la prospérité croissante du port et de la ville. Un simple rapprochement avec les chiffres donnés pour le chemin de fer éthiopien montrera combien la croissance de l'un est intimement liée à celle de l'autre.

Pendant tout le cours de l'année qui vient de s'écouler, jusqu'en novembre, c'était dans les rues, dans le port, sur les quais, un mouvement enfiévré. Les ballots, les caisses, les marchandises de toute nature s'étalaient, s'amoncelaient sur les terre-pleins et devant les magasins, s'étiraient sur des camions en longues files vers la gare. Les fiacres couraient affairés, les cafés et les hôtels étaient pleins. En novembre, la Compagnie des chemins de fer éthiopiens frappe du droit de dîme tous ses transports. Immédiatement le trafic de la voie ferrée s'arrête; et, aussitôt, les quais se vident, les magasins se ferment, camions et voitures se remisent, hôtels et cafés deviennent déserts, et la ville prend le morne et désolant aspect des chefs-lieux de nos vieilles colonies.

Comme conclusion de cette étude, je ferai un rapprochement suggestif des chiffres indicatifs du mouvement commercial de Djibouti et du chemin de fer. Ces tableaux, extraits des documents officiels les plus récents, établissent la situation actuelle de la ville et du port. Quoiqu'ils se rapportent à toute la colonie, ils ne traduisent en réalité que la vie du chef-lieu, rien n'existant hors de lui. Les tribus qui errent dans le désert et au milieu des solitudes rocheuses qui sont notre apanage sur la côte Somali n'ont aucune valeur productive pour le commerce ou pour le fisc; au reste, le peu de produits qui viennent d'eux ou passent par leurs mains, les troupeaux en particulier, aboutit inéluctablement à Djibouti.

J'ai pensé qu'il était inutile de donner la situation détaillée de la colonie, au point de vue budgétaire et commercial, avant 1904, première année de plein rendement du chemin de fer et par suite du port. Des chiffres globaux permettront, pour l'époque antérieure (depuis 1901), de suffisantes comparaisons.

Période 1900-1903 inclus.

Budget	1901	1902	1903
Recettes	1.044.468	1.055.982	1.489.710
Dépenses	704.439	812.633	1.432.943
Excédents de recettes.	340.029	243.349	56.767

En 1903, année de l'ouverture de la voie ferrée, commencèrent les grands travaux d'aménagement de la ville et du port exécutés uniquement avec les ressources de la colonie; aussi les excédents de recettes tendent à disparaître.

Mouvement commercial.

	1901	1902	1903
Importations	7.334.682	7.364.846	7.530.221
Exportations	2.679.300	5.945.156	5.530.423
Mouvement général (numéraire, charbon et matériel du chemin de fer non compris)	10.013.982	13.310.002	13.060.644
Matériel du chemin de fer (monnaies et charbon)	3.592.000	3.638.000	3.199.800
Mouvement général (numéraire, charbon et matériel du chemin de fer compris)	13.605.982	16.948.002	16.260.444

Les années 1901-1902 ont leur mouvement commercial à l'entrée considérablement grossi par le matériel destiné à la voie ferrée et par l'approvisionnement et l'entretien du personnel de construction pris en surnombre pour l'achèvement des travaux. Ce mouvement exceptionnel disparaît en 1903, après l'ouverture de la ligne et sa mise en service régulier.

Navigation.

	1901	1902	1903
Nombre de navires entrés.	202	227	217
Tonnage total............	361.034^t	387.218^t	394.632^t

Les mouvements des boutres et navires indigènes ne sont pas compris dans ces totaux.

La progression du tonnage des vapeurs est constante et régulière : excédent de 25.000 tonnes sur 1900, de 26.000 sur 1901 et de 7.000 sur 1902; cette dernière diminution relative pour 1903 s'explique par l'afflux de matériel de la voie ferrée en 1901 et 1902.

Période 1904-1906

Les tableaux joints à cet article donnent les chiffres de cette période.

Je n'ai pu obtenir pour le mouvement commercial de 1906 que des chiffres globaux, l'exercice venant à peine de finir et les récapitulations des opérations n'étant pas encore arrêtées.

Climat, morbidité et mortalité.

« La chaleur estivale est la seule endémie grave de la Côte des Somalis » (rapport officiel 1903).

Européens	Moyenne des trois dernières années
Maladies endémiques............	16 (1)
— sporadiques............	4
— chirurgicales..........	7
— vénériennes..........	1
Au total..........	28

(1) Y compris les malades venant de l'Extrême-Orient débarqués à l'hôpital de Djibouti. Leur proportion est de 90 0/0.

Européens : décès...................... 5

dont 3 ou 4 ont trait à des malades évacués sur l'hôpital par les navires qui viennent de l'Océan Indien et relâchent à Djibouti.

Morbidité à l'infirmerie.

Nota : Il n'existe pas de médecins civils dans la colonie. Tous les malades non traités à l'hôpital se présentent à l'infirmerie-dispensaire de la ville ou y sont enregistrés :

Européens	Moyenne des trois dernières années
Maladies endémiques...........	1
— sporadiques...........	9
— chirurgicales........	3
— vénériennes..........	3
Au total.........	16

Climat. — L'été est très chaud, mais l'air est absolument sec, ce qui rend cette chaleur supportable ; pendant l'hiver, d'octobre à avril, le khamsin, le vent brûlant du désert (mousson du Sud-Ouest) fait place à la mousson du Nord-Est qui rafraîchit agréablement l'atmosphère.

Les moyennes thermométriques d'été oscillent entre 31° et 36° avec un maximum de 42° ; celles d'hiver sont de 21° à 29° (octobre-avril) avec un minimum entre 20° et 21°.

Il pleut très rarement à Djibouti, par courtes averses, et seulement en hiver.

De 1901 à 1906, le mouvement commercial de Djibouti est ainsi passé de 13 millions et demi à 34 millions, soit, en six années, une augmentation de 265 0/0.

Dans le même laps de temps, le tonnage de son port est monté de 360.000 tonnes à 600.000.

Enfin, ses recettes douanières, qui étaient en 1901 de 120.539 francs, ont atteint en 1906 la somme de 441.976 francs, soit une augmentation de 365 0/0.

Une pareille ascension me paraît chose inconnue dans notre histoire coloniale économique ; elle est bien rare dans les annales des villes du Nouveau Monde, même parmi celles dont la prospérité a marché dès le début à pas de géant.

*
* *

Pour conclure, je veux encore répéter ce que j'ai dit à satiété tout au long de cette étude : les destinées de notre port de Djibouti sont intimement liées à celles du chemin de fer éthiopien. Et ces destinées sont si belles d'espoirs certains que ce serait folie et œuvre antipatriotique que de chicaner plus longtemps sur le passé au lieu de prendre la résolution énergique et pratique qui permettra la continuation de la voie ferrée jusqu'à Addis-Abéba, son terminus naturel.

Mais pour ceux des lecteurs que la comparaison de longs tableaux statistiques aurait rebutés, je ferai un rapprochement très simple et facile à consulter entre le mouvement commercial de Djibouti de 1903, année d'ouverture définitive de la ligne, à 1906 et le trafic du chemin de fer pendant la même période.

En cette année 1903, la ligne s'ouvrit au commerce d'une façon régulière de Djibouti à Diré-Daoua (310 kilomètres) dans les premiers jours de juin. Les chiffres du trafic de la voie ferrée ne portent donc que sur les sept derniers mois de cette même année (*Voir aux annexes*).

« Le commerce appelle le commerce. » Ceci est un axiome économique connu : aussi, le mouvement donné par le chemin de fer se répercute-t-il heureusement sur le commerce particulier de la ville de Djibouti. La part de celui-ci n'est en effet, en 1903, que de 5.300.144 francs ; elle est montée à

11.108.855 fr. en 1906. Mais comme l'indiquent les proportions notées aux annexes, c'est toujours la part du chemin de fer qui l'emporte, celle dont la croissance est la plus rapide et qui entraîne le commerce de la ville dans son orbite de prospérité.

* *
*

Je pense avoir prouvé surabondamment que la question du chemin de fer éthiopien est, pour Djibouti, question de vie ou de mort. Par ailleurs, j'ai démontré également que ce port, par la continuation des travaux de la voie ferrée deviendra rapidement, au grand honneur et au non moindre profit de la France, une des plus riches escales de l'océan Indien.

Que telle solution prédomine, qu'une autre soit adoptée, peu importe, pourvu que les travaux soient promptement repris et, qu'ainsi, le trafic soit consolidé et augmenté.

Car que valent les quelques millions qui différencient ces solutions les unes des autres, au regard de l'avenir splendide promis à notre jeune port, avenir que compromettent gravement les atermoiements, les hésitations et les lenteurs dont il souffre particulièrement depuis plusieurs mois?

Djibouti, le 14 mars 1907.

Lieutenant-colonel PÉROZ.

PARIS. — IMPRIMERIE F. LEVÉ, RUE CASSETTE, 17.

Valeur des marchandises transportées en 1903-1904-1905 et 1906.

DÉSIGNATION	ANNÉE 1903	ANNÉE 1904	ANNÉE 1905	ANNÉE 1906 (11 mois)
Importations	fr.	fr.	fr.	fr.
Cotonnades	2.600 000	3.800.000	4.300.000	5.969.144
Matériaux de construction	100.000	50.000	70.000	74.651
Alimentation	350.000	390.000	200 000	296.000
Céréales	70.000	90.000	600.000	95.000
Sel	3 000	7.000	6.500	10.630
Pétrole	50.000	70.000	100 000	108.025
Savon	43.000	40.000	32.000	21.360
Armes	350 000	280.000	100.000	131.000
Sucre	11.500	50.000	50.000	129.455
Ustensiles de ménage	30.000	50.000	»	»
Divers	»	600.862	1.470.000	2.454.500
Total	3.609.500	5.427 862	6.928.500	9.289.765
Exportations				
Café (chute en 1906)	1.485.000	2.750.000	2.970.000	2.095.490
Peaux	666.000	1.025.000	1.845.000	2.274.890
Cire	200.000	500.000	700.000	825.000
Ivoire	1.800.000	2.200.000	2.000.000	970.800
Divers	»	180.000	780.888	1.250.200
Total	4.151.000	6.655.000	8.295.888	7.416.380
Mouvement général	7.760.500	12.082.862	15.224.388	16.706.145

	TONNAGE	VALEURS
Décembre 1906... Importations	190ᵀ·	285.000 francs (?).
Décembre 1906... Exportations	600ᵀ·	900.000 — (?)
Total de décembre		1.185.000 francs (?).
Mouvement général : total pour 1906, y compris décembre...		17.891.145 —

DÉSIGNATION DES CHAPITRES	NOMENCLATURE DES RECETTES	ANNÉE 1904		ANNÉE 1905		ANNÉE 1906 (au 31 décembre)	
		fr.	c.	fr.	c.	fr.	c.
I	*Subvention métropolitaine*............................	200.000	»	190.000	»	180.000	»
	Subvention spéciale...............................	500.000	»	500.000	»	500.000	»
	Part contributive des colonies de l'Indo-Chine et de Madagascar pour l'hôpital.....................	50.000	»	»		»	
II	*Douanes et contributions :*						
	Taxes de consommation.......................	99.374	80	123.447	42	114.278	62
	Droits de sortie.............................	56.035	26	63.044	64	79.399	94
	Droits de navigation.....................	5.775	95	5.956	80	6.319	10
	Droits de quai.......................	»		»		27.404	51
	Enregistrement..........................	15.492	80	5.659	40	7.203	»
	Abatage................................	8.250	50	9.616	75	9.023	»
	Droit de contrôle sur les boissons alcooliques......	2.763	50	3.925	»	8.349	80
	Droit de contrôle sur les armes et munitions en transit par le Protectorat	39.613	40	65.356	52	58.628	48
	Divers et taxes prévues à établir en cours d'exercice.	84.483	75	5.862	39	7.052	50
	Droits de douane à l'importation..................	100.000	»	157.883	48	254.825	40
III	*Contributions directes :*						
	Droits sur la valeur locative des propriétés bâties..	6.009	67	5.693	»	3.051	25
	Patentes...................................	8.872	50	15.107	50	14 613	75
	Droits sur les cases...........................	1.590	»	1.477	»	1.840	»
IV	*Produits divers :*						
	Produit de la poste, des télégraphes et téléphones..	54.408	50	64.718	94	46.925	72
	Droits sur articles d'argent....................	1.592	45	1.763	20	2.002	60
	Actes judiciaires et amendes	9.382	»	11.139	13	7.361	59
	Recettes en atténuation........................	Mémoire		Mémoire		575.094	50
	Recettes diverses et non classées (ventes de terrains, concessions, etc.)......................	8.234	72	112.689	95	50.302	54
	Produit de l'hôpital et de la pharmacie............	11.777	»	19.317	10	13.166	50
	Produit du *Journal officiel*....................	28	70	»		»	
V	*Produits d'exercices clos :*						
	Recettes provenant d'exercices clos..............	64.877	14	18.323	97	88	»
	Totaux.........................	1.328.562	64	1.380.988	19	1.966.930	80
	A déduire. Recettes en atténuation..............					575.094	50
	Recettes réelles.....................					1.391.836	30

DÉPENSES

DÉSIGNATION DES CHAPITRES	NOMENCLATURE DES DÉPENSES	ANNÉE **1904**	ANNÉE **1905**	ANNÉE **1906**
		fr. c.	fr. c.	fr. c.
I	*Dépenses ordinaires.*			
	Dettes exigibles	500.000 40	499.993 20	1.132.000 40
II	*Dépenses d'administration.*			
	Gouvernement colonial	51.640 30	61.657 24	100.412 91
	Secrétariat général	32.961 41	32.759 32	
III	*Affaires indigènes.*			
	Affaires indigènes et police	51.554 90	50.040 27	121.247 20
	Police	69.409 97	75.394 94	
IV	*Services financiers.*			
	Trésor	14.550 56	17.049 37	
	Douanes et contributions	23.069 11	23.586 85	58.324 78
	Postes et télégraphes	23.695 76	18.747 99	
V	*Justice*	21.529 33	20.658 31	20.320 32
VI	*Service de santé*	45. 08 59	65.748 56	38.440 60
VII	*Travaux publics et voiries*	260.236 07	247.391 26	
	Ports et rades	15.282 10	26.451 06	145.567 14
	Jardins publics	3.017 20	3.700 09	
VIII	*Dépenses diverses, etc*	74.906 94	85.455 18	136.902 12
	Dépenses imprévues	26.662 63	32.331 06	
IX	*Dépenses d'exercices clos ou périmés*	6.710 24	4.714 90	4.863 56
	Total	1.220.535 51	1.265.679 60	1.758.079 03
	A déduire. Recettes en atténuation			575.094 50
	Dépenses réelles			1.182.984 53

<table>
<tr><td colspan="2">Exercice 1904</td><td colspan="2">Exercice 1905</td></tr>
<tr><td colspan="2">DU 1er JANVIER 1904 AU 30 JUIN 1905</td><td colspan="2">DU 1er JANVIER 1905 AU 30 JUIN 1906</td></tr>
<tr><td>Recettes effectuées</td><td>1.328.562 64</td><td>Recettes effectuées</td><td>1.380.988 19</td></tr>
<tr><td>Dépenses effectuées</td><td>1.220.535 51</td><td>Dépenses effectuées</td><td>1.265.679 60</td></tr>
<tr><td>Excédent de recettes</td><td>108.027 13
(Caisse de réserve)</td><td>Excédent de recettes</td><td>115.308 59
(Caisse de réserve)</td></tr>
</table>

Nota. — Les chiffres de 1906 ne sont qu'approximatifs, ils comprennent des dépenses qui seront atténuées par des recettes correspondantes. Toutes les recettes ne *sont pas encore recouvrées* et certaines dépenses considérables ne sont pas encore constatées en écriture.

Les chiffres réels ne pourront être donnés qu'en juillet 1907, les opérations de l'exercice 1906 ne devant être closes qu'au 30 juin prochain.

Mouvement commercial.

	ANNÉE **1904**	ANNÉE **1905**	ANNÉE **1906**
	fr.	fr.	fr.
Importations.	9.369.956	10.512.396	»
Non compris ci-dessus. . } Charbon entreposé.	1.255.359	1.417.545	»
Monnaie	2.041.025	1.684.583	»
Exportations.	13.749.*69	17.056.609	»
Non compris ci-dessus. . } Charbon.	1.308.558	1.162.395	»
Monnaie	1.439.652	513.246	»
Mouvement général, charbons et monnaies non comptés. . .	23.119.825	27.509.005	29.500.000
— charbons et monnaies compris. . . .	29.164.417	32.346.775	34.000.000
Importations. — *Part proportionnelle.*			
France.	2.083.947	1.920.930	»
Colonies françaises	4.188	1.478	»
Angleterre	1.512.505	2.051.022	»
Monnaie non comprise { Egypte.	193.541	113.673	»
Aden.	6.270.761	5.636.132	»
Autriche.	1.756	426.475	»
Indes anglaises.	26.848	723.311	»
Autres pays.	531.767	1.056.920	»
Exportations. — *Principales marchandises.*			
Chevaux et juments.	4.400	3.660	»
Bœufs et taureaux.	70.110	66.510	»
Moutons et chèvres.	39.726	23.887	»
Peaux brutes.	2.194.447	2.261.808	»
Cire brute.	788.457	1.163.238	»
Civette.	194.400	283.440	»
Dents d'éléphants.	1.076.425	1.835.800	»
Coquillages nacrés.	28.731	80.071	»
Café.	3.451.340	3.547.434	»

NAVIGATION

PAYS DE PROVENANCE	PAVILLON	TONNAGE NET		
		ANNÉE **1904**	ANNÉE **1905**	ANNÉE **1906**
France	Français	139.688	161.155	
	Anglais	15.513	8.414	
	Russe	»	3.153	
	Danois	»	2.354	
Colonies françaises	Français	48.982	86.673	
	Allemand	»	42.498	
	Anglais	21.582	24.451	
	Allemand	2.153	12.627	
Angleterre	Français	»	3.880	
	Danois	1.855	2.302	
	Anglais	727	14.156	
Colonies anglaises de l'Océan Indien	Français	15.878	27.658	
	Autrichiens	»	13.726	
	Russe	4.377	»	
Périm (colonie anglaise)	Anglais	344	»	
Russie	Russe	13.948	5.221	
	Allemand	5.012	31.514	
Allemagne	Russe	22.142	»	
Autriche	Autrichien	2.268	37.588	
Hollande	Allemand	»	19.784	
Colonies hollandaises	—	»	2.575	
Danemark	Danois	»	1.021	
Golfe Persique	Russe	5.362	8.479	
Colonies italiennes	Français	»	151	
	Anglais	»	1.657	
Chine et Japon	Français	32.684	49.578	
		332.515	560.615	602.000

	BOUTRES (Nombre)			
		1.144	9.640	»
		1.148	»	8.956	8.500

	1903	1904	1905	1906
Mouvement général du commerce de Djibouti (matériel du chemin de fer, monnaies et charbon pour les navires non compris)	13.060.644	23.119.825	27.569.005	29.500.000
Trafic du chemin de fer évalué en francs	7.560.500	12.082.862	15.224.388	17.891.145
Différence au profit de Djibouti	5.300.144	11.036.963	12.344.617	11.108.855
Proportion entre les deux mouvements commerciaux (chemin de fer de Djibouti)	10	12	15	17
	7	11	12	11